CHANSONS

PAR

PIERRE CORRÉARD.

2me NUMÉRO.

LYON,
DE L'IMPRIMERIE DE D.-L. AYNÉ,
RUE DE L'ARCHEVÊCHÉ, N° 3.

1833.

Vue du Drapeau tricolore.

Août 1830.

Air : *Liberté sainte.*

L'Ai-je bien vu !... de notre république,
Le vieux drapeau flotte au palais des rois !
Paris, vainqueur dans sa lutte héroïque,
Enfin du peuple a relevé les droits ;
Tout en trois jours ! je crois rêver encore :
Pour mon pays quelle immense avenir ;
Salut ! salut ! beau drapeau tricolore :
Sans te revoir, je craignais de mourir.

Je te connus en des heures amères ;
Les étrangers pillaient, brûlaient nos champs ;
Ils insultaient, et nos sœurs et nos mères :
Tous nos aînés étaient alors aux camps ;

Mais tu parais, on t'embrasse, on t'implore:
Nos champs ruinés paraissent refleurir.
Salut! salut! beau drapeau tricolore:
Sans te revoir, je craignais de mourir.

Un grenadier, essuyant sa paupière,
Nous dit: demain, ces rois vainqueurs d'un jour
Disparaîtront, comme un flot de poussière,
Au roulement de notre vieux tambour;
Le lendemain, sinistre météore,
Le drapeau blanc flottait,... quel souvenir!
Salut! salut! beau drapeau tricolore:
Sans te revoir, je craignais de mourir.

Ce drapeau blanc qu'ils appelaient sans tache;
J'ai vu, pour lui, jusques dans les hameaux,
La guillotine à la sanglante hache
De sang français teindre mille échafauds;
Nouveau vampire, il étouffe, il dévore
La liberté que tu faisais grandir.
Salut! salut! beau drapeau tricolore:
Sans te revoir, je craignais de mourir.

Oui, dans mon sein, après quinze ans d'absence,
De tout espoir s'éteignait le flambeau ;
Je me disais : drapeau de mon enfance,
Qui te fera flotter sur mon tombeau ?...
Quand tout à coup, foudre que l'on ignore,
Le peuple éclate, et je te vois surgir !
Salut ! salut ! beau drapeau tricolore :
Sans te revoir, je craignais de mourir.

Noble étendard ! oui, c'est toi ! quelle ivresse !..
Chantez, chantez, vous qu'oppriment les rois ;
Chaque tyran pousse un cri de détresse ;
La liberté fait entendre sa voix :
Peuples, voyez quelle éclatante aurore !
D'un long sommeil, il est temps de sortir.
Salut ! salut, beau drapeau tricolore :
Sans te revoir, je craignais de mourir.

A MA SŒUR LE JOUR DE SES NOCES.

1829.

AIR : *De ma Céline amant modeste.*

L'auguste dieu de l'hyménée
Vient de t'engager sous ses lois;
Anaïs, en cette journée
Le premier, j'élève la voix ;
Te souhaiterai-je en partage ,
Ou la richesse ou la grandeur;
Sans eux, dans ton petit ménage,
Tu sauras trouver le bonheur.

Un crésus, est-il donc sans peine ?
Toujours il tremble pour son or.
D'un puissant, la brillante chaîne
Est mille fois plus lourde encor ;

Les rois et le peuple volage
Tour à tour déchirent son cœur,
Quand, au sein d'un petit menage,
Il pourrait trouver le bonheur.

Pour toi, près d'un époux qui t'aime,
Tes désirs seront ses désirs,
Et bientôt un autre lui-même
Viendra centupler vos plaisirs.
Pour tous les soins qu'à son jeune âge,
Vous prodiguerez, ô ma sœur!
Au sein de ton petit ménage;
Il saura fixer le bonheur.

Si la déesse inévitable
Long-temps m'épargne, oui, mes amis,
Souvent assis à votre table,
Mes genoux berceront vos fils;
Si jamais un sombre nuage
Vient altérer ma douce humeur,
C'est à votre petit ménage
Que j'irai chercher le bonheur.

SERVILIUS (*).

1828.

Air : *Pages m'a dit : chante la Grèce antique.*

Quand on fêtait le vieux Saturne, à Rome,
L'esclave était dégagé de ses fers :
Il reprenait les nobles droits que l'homme
Tient, en naissant, du roi de l'univers.
Qu'en faisait-il?... Dans une lâche orgie,
Il s'endormait, une fois sans dégoûts.
Ne dormons point, lorsque la tyrannie
Va, dès demain, s'appesantir sur nous!!!

(*) J'ai adopté un nom désignant l'esclavage pour représenter les diverses tentatives faites par les esclaves pour secouer le joug de Rome.

Tel est le cri qu'un vieux soldat esclave
Fait retentir, en un de ses repas.
Eh! quoi! dit-il, comme une froide lave,
Des oppresseurs nous foulent sous leurs pas.
Le titre d'homme, amis, on nous le nie;
Qu'on nous connaisse au pouvoir de nos coups.
Ne dormons point, lorsque la tyrannie
Va, dès demain, s'appesantir sur nous!!!

Les voyez-vous, ces maîtres que j'abhorre,
Sur leurs Tarquins déployer leur fureur?...
Pour un soupçon, les voyez-vous encore,
Sacrifier Manlius, leur sauveur?...
Nous dont les jours ne sont qu'une agonie,
De liberté serions-nous moins jaloux!...
Ne dormons point, lorsque la tyrannie
Va, dès demain, s'appesantir sur nous!!!

Tous pleins de cœur, pour un jour de défaite,
Quoi, nous serions esclaves à jamais!!
Quoi, sous le joug toujours courbant la tête,
Sur nous toujours seraient levés les fouets!!..

Du fouet sanglant vengeons l'ignominie :
Nous le pouvons, si nous le voulons tous....
Ne dormons point, lorsque la tyrannie
Va, dès demain, s'appesantir sur nous!!!

N'est-elle pas, cette race romaine,
Le rejeton d'un ramas de bandits?
Elle a le sceptre et nous portons la chaîne....
Nos bras nerveux sont-ils donc engourdis?...
Donnons l'exemple à la terre asservie,
Oui, les premiers, relevons les genoux....
Ne dormons point, lorsque la tyrannie
Va, dès demain, s'appesantir sur nous!!!

Ce soir, encor.... chacun de nous est libre....
Demain... grands dieux! n'attendons pas le jour,
Que sous nos lois coule aujourd'hui le Tibre :
C'est aux Romains de trembler à leur tour....
Rappelons-nous, frères, notre patrie
Pleurant des fils, des pères, des époux....
Ne dormons point, lorsque la tyrannie
Va, dès demain, s'appesantir sur nous!!!

On court s'armer, et, pour chef, on proclame
Servilius, — c'était notre héros;
Tremblez, tyrans!!... mais un lâche, un infâme,
A dénoncé les sublimes complots....
Servilius, sous le poignard impie,
Tombe.... son cri, peuples, l'entendez-vous?...
Ne dormons point, lorsque la tyrannie
Va, dès demain, s'appesantir sur nous!!!

NE CRAINS RIEN, MA BELLE PATRIE.

1831.

Air : *Lorsque j' le voyons en goguette* (*du Savetier et du Financier*).

Jaloux du bonheur de la France,
Vingt rois se liguent de nouveau ;
Cette fois, j'en ai l'assurance,
Notre sol sera leur tombeau.
Oui, c'est en vain que leur furie
Contre nous traîne leurs soldats :
Ne crains rien, ma belle patrie,
Tous tes fils sont prêts aux combats.

Oui, toujours, de grappes vineuses,
D'épis dorés orne ton front ;
Ce sont nos mains victorieuses
Qui toujours les recueilleront.

Que l'étranger, en sa folie,
Rêve à profaner tes appas,
Ne crains rien, ma belle patrie,
Tous tes fils sont prêts aux combats.

Après avoir vaincu le monde,
Si, naguères, des vieux Bourbons
On t'imposa le joug immonde,
Alors existait des Bourmont;
Mais notre France, rajeunie,
Ne compte plus de renégats :
Ne crains rien, ma belle patrie,
Tous tes fils sont prêts aux combats.

Les rois disent, fiers de leur nombre :
Ils n'ont plus leur Napoléon....
Qu'ils viennent.... déjà sa grande ombre
Montre du doigt le Panthéon.
Du tombeau, quand sa voix nous crie :
Mes enfans, vengez mon trépas!...
Ne crains rien, ma belle patrie,
Tous tes fils sont prêts aux combats.

Oui, rois de peu de souvenance,
Oubliez que, du sol gaulois,
La Liberté, d'un coup de lance,
Fit sortir les maîtres des rois,
Vous verrez si, race flétrie,
De vous vaincre nous sommes las.
Ne crains rien, ma belle patrie,
Tous tes fils sont prêts aux combats.

Paraissez, enfans du village,
Vous le savez, c'est de vos rangs
Que sont sortis, au dernier âge,
Ces soldats, effroi des tyrans.
Ainsi qu'eux, d'une ligue impie
Vous punirez les attentats.
Ne crains rien, ma belle patrie,
Tous tes fils sont prêts aux combats.

De nos cités, pour les frontières,
Tout homme part avec ardeur;
Nos filles, nos femmes, nos mères,
Apprêtent le pavé vengeur.

Pour toi, fiers de donner leur vie,
Enfans, vieillards, arment leurs bras;
Ne crains rien, ma belle patrie,
Tous tes fils sont prêts aux combats.

Oh! comme le ciel te protège!
Ton hiver est un vrai printemps.
La peste saisit, sous la neige,
Du Nord les rudes habitans.
Vois, bien plus, notre antique amie,
La Pologne, arrêter leurs pas;
En avant, ma belle patrie,
Tous tes fils sont prêts aux combats.

DRAPEAU DE LIBERTÉ, DE GLOIRE ET D'AVENIR.

JUILLET 1831.

Air noté de M. J. M. F....

Drapeau de liberté, de gloire et d'avenir,
Vainement pour t'abattre on s'arme avec mystère;
Les peuples qu'on craint tant sauront te soutenir:
Sous tes longs plis, bientôt reposera la terre.

Quand tu naquis, le beau jour pour la France!
Cent mille élus, le bras tendu vers toi,
Se fédéraient, le cœur plein d'espérance,
Pour assurer le règne de la loi.
Le tiers-état, dans ces immenses fêtes,
Le tiers-état, jeune de liberté,
Te saluait de chants d'égalité :

Vaste et brillant, tu flottais sur les têtes.
Drapeau de liberté, etc.

Pour t'engloutir, marchent quatorze armées,
Elite, espoir des rois conspirateurs ;
On te déploie, et ces masses armées
Ont rencontré tes jeunes défenseurs.
Des rois ligués pour te réduire en poudre,
Les généraux, les canons, les soldats,
Où donc sont-ils ?... où donc sont les éclats
De ce vieux toit dévoré par la foudre ?...
Drapeau de liberté, etc.

Couvrant le front du demi-dieu d'Arcole,
Pendant treize ans, partout victorieux,
L'aigle, enivré, te portait jusqu'au pôle,
Le ciel, ému, frappa l'audacieux.
Battant les airs de son aile tremblante,
Il vint tomber, sans vie, à Mont-Saint-Jean.
Et te laissa, dans ce jour outrageant,
Couvert de gloire en l'arène sanglante.
Drapeau de liberté, etc.

Hier, relevé par le bras populaire,
Ce bras, le seul qui peut te dérouler,
A ton aspect, jusqu'en l'autre hémisphère,
Les rois ont vu leurs trônes s'écrouler.
L'air est plus pur, un temps nouveau commence,
Les nations, en secouant leurs fers,
Disent : voici le jour où l'univers
Doit ne former qu'une famille immense.
Drapeau de liberté, etc.

Oui, c'est en vain que des mains criminelles,
Pour plaire aux rois, pourvoyeurs de gibets,
De ton vieux coq ont retenu les ailes :
Comme le ciel, un peuple a ses arrêts.
Ouvrez les yeux, hommes que l'on égare,
Hier la victime, aujourd'hui le couteau....
Ralliez-vous autour de ce drapeau :
De l'avenir il est l'unique phare.
Drapeau de liberté, etc.

LES SOURDS.

AIR : *J'ai pris goût à la république.*

Çà, Messieurs, de la tempérance,
N'êtes-vous pas bourrés assez?
Ignorez-vous quelle souffrance
Après eux laissent les excès?
Songez à la cruelle goutte....
Quoi! juste, durant mon discours,
D'un pâté vous cassez la croûte....
On dirait que vous êtes sourds.

Ne remplissez pas tant vos verres,
Quand on boit trop, voyez-vous, moi,
Je puis vous dire les misères
Que l'on a pour rentrer chez soi.

Déjà vous battez la campagne....
Et, juste durant mon discours,
Vous faites sauter le champagne....
On dirait que vous êtes sourds.

De sonner qu'avez-vous à faire?
Quoi! vous demandez au garçon
Café, tabac, mousseuse bière?
Vous avez perdu la raison.
La cigarette qui pétille....
Mais, interrompant mon discours,
Vous demandez encor roquille....
On dirait que vous êtes sourds?

C'est bien pis, chacun de vous cerne
Cette chanteuse à l'œil lutin;
Vous faut-il, nouveaux Olopherne,
Une Judith en ce festin.
La morale veut qu'elle sorte.
Ciel! juste, durant mon discours,
Sur elle et nous se clos la porte....
On dirait que vous êtes sourds.

Corbleu, ne pourrai-je donc faire
Que vous m'entendiez une fois;
Attendez, je tiens mon affaire :
A la santé de tous les rois!
Ils sont de la chose publique.
Peste, interrompant mon discours,
Vous buvez à la république....
On dirait que vous êtes sourds.

Mais, à notre porte on s'avance :
Une voix demande du pain.
Vous ouvrez, et de l'indigence
Chacun de vous remplit la main.
Oui, je vous le dis sans rancune,
Je termine ici mon discours;
Car, à la voix de l'infortune,
J'ai vu que vous n'étiez pas sourds.

AMIS, CHANTONS.

1826.

Air de la Partie carrée.

Amis, chantons haine à la tyrannie,
Amour à ceux qui savent s'en venger;
Honneur au preux qui défend la patrie,
Honte à qui prend pour soutien l'étranger :
Poignant remords, cri de la conscience,
Tu sais trouver un cœur sous les galons.
Nous qui toujours avons chéri la France,
O mes amis! chantons.

Amis, chantons un Dieu, père de l'homme,
Qui nous forma pour l'éternel bonheur;
Car Dieu n'est point comme on le fait à Rome,
Il ne veut pas régner par la terreur.

Quand, ici-bas, pour supporter la vie,
Nous caressons fillettes et flacons,
Il rit, là-haut, de notre folle orgie;
O mes amis! chantons.

Amis, chantons et buvons à la terre,
Que le bonheur visite les mortels;
Dans l'indigent qu'un riche voie un frère,
Que l'amitié relève ses autels;
La douce paix, vierge aimable et féconde,
Depuis dix ans veille sur nos moissons;
Le ciel, un jour, en dotera le monde :
O mes amis! chantons.

Amis, chantons; la liberté sommeille,
Supplions-la d'apparaître à nos rois;
A ses accens, que le peuple s'éveille,
Qu'il se connaisse et reprenne ses droits;
Que ce grand jour du Très-haut soit la fête,
Il est le roi digne des nations;
Devant lui seul, nous qui courbons la tête,
O mes amis! chantons.

Amis, chantons la mort qui rend notre être
Au sein de Dieu, de qui tout est sorti ;
Ne disons plus : un homme a cessé d'être ;
Mais, pour les cieux un convive est parti.
Que les méchans craignent l'heure suprême,
Qui rend égaux la pourpre et les haillons,
Nous ne portons tiare ni diadême,
O mes amis ! chantons.

LE PREMIER AMOUR.

1826.

Air : *A faire.*

Oui, de l'amour je méprisais les armes,
A ses autels je refusais l'encens;
Mais je la vis, sa douce voix, ses charmes,
Trouble inconnu portèrent dans mes sens ;
Divin amour, doux prisme de la vie.
Ah! trop souvent tu fais notre malheur;
Mais pour toujours, ô ma première amie!
Ton souvenir fera battre mon cœur.

Je fus aimé.... De sa bouche innocente,
Un tendre aveu s'échappa lentement;
Entre mes mains pressant sa main tremblante,
D'un pur amour, je lui fis le serment;

Des cœurs cruels, hélas! me l'ont ravie;
Ils ont détruit mes rêves de bonheur;
Mais pour toujours, ô ma première amie!
Ton souvenir fera battre mon cœur.

Rendez-la moi pour prix de ma constance!
La voir un jour, comblerait tous mes vœux...
Quoi! tout me fuit, jusques à l'espérance,
Céleste don, soutien des malheureux;
C'en est donc fait! l'ingrate... elle m'oublie...
Son froid silence irrite ma douleur;
Mais pour toujours, ô ma première amie!
Ton souvenir fera battre mon cœur.

A ROSE.

1826.

Air : *Du Dieu du sans souci.*

Que ton ris a de grâce,
Que tes baisers sont doux ;
Rose, sur mes genoux,
Viens donc prendre ta place.
Le monde incestueux
Médit de la tendresse,
Il ignore l'ivresse
D'un amour vertueux.

O ma naïve amie !
O mon ange ici-bas !
Si je chéris la vie,
Ce n'est que dans tes bras.

De nos jours de victoire,
J'ai vu maint détracteur
De son souffle imposteur
Oser souiller l'histoire ;
J'ai vu pour des tyrans,
Pour le choix de leurs chaînes,
S'allumer mille haines
Entre amis et parens.

O ma naïve amie !
O mon ange ici-bas !
Si je chéris la vie,
Ce n'est que dans tes bras.

Fardés par la richesse,
Les sots sont bien venus,
On cite leurs vertus,
Ou vante leur sagesse;
L'ingrat, le front levé,
Rit de la bienfaisance,
Qui chérit notre France,
De fiel est abreuvé.

O ma naïve amie!
O mon ange ici bas!
Si je chéris la vie,
Ce n'est que dans tes bras.

La déesse insensible,
En jetant un long cri
Sur un frère chéri,
Lève son bras terrible;
Soins, pleurs sont superflus.
Lorsque sa faux nous touche,
Elle glace la bouche,
Et le cœur ne bat plus.

O ma naïve amie!
O mon ange ici-bas!
Si je chéris la vie,
Ce n'est que dans tes bras.

Hélas! demain peut-être,
Ton regard plein d'amour
Ne verra plus ce jour
Qui ranime notre être

En nos célestes jeux,
Nos baisers pleins de flamme;
Rose, exhalons notre ame,
Allons aimer aux cieux!

O ma naïve amie!
O mon ange ici-bas!
Si je chéris la vie,
Ce n'est que dans tes bras.

LE PATER.

1827.

Air : *Muse des bois et des accords champêtres.*

O Jehova! toi qui formas le monde,
Qui l'animas de ton souffle divin,
Toi qui rendis la terre si féconde,
Sois adoré de tout le genre humain.
Après ma mort, ô sublime espérance!
Fais-moi renaître en ton séjour brillant.
O toi, mon père! ô Dieu plein de clémence!
Daigne exaucer les vœux de ton enfant.

Que dans ces feux qui roulent sur ma tête,
Que sur ce globe où tu m'établis roi,
Que dans les cieux tout marche, tout s'arrête
Selon l'arrêt de ton auguste loi;

Que chaque jour, grâce à ta bienfaisance,
Mon faible corps trouve son aliment.
O toi, mon père ! ô Dieu plein de clémence !
Daigne exaucer les vœux de ton enfant.

Si quelquefois, cherchant à te connaître,
Entre vingt choix tu m'as vu balancer :
Ai-je donc pu t'irriter, ô grand être ?
Non, tu me fis une ame pour penser;
Mais, aux mortels, si j'ai fait quelqu'offense,
Rends bien léger mon juste châtiment.
O toi, mon père ! ô Dieu plein de clémence !
Daigne exaucer les vœux de ton enfant.

Il est bien doux de venger une injure,
De satisfaire à son cœur irrité :
Mais, pardonner, mais, vaincre la nature,
C'est faire un pas vers la divinité.
Malgré l'attrait que m'offre la vengeance,
Fais que toujours je pardonne au méchant.
O toi, mon père ! ô Dieu plein de clémence !
Daigne exaucer les vœux de ton enfant.

Oui, tu voulus que l'homme eût en partage
Le libre choix et du bien et du mal;
O liberté! mon plus bel apanage!
Quoi! tu pourrais n'être qu'un don fatal!...
S'il était vrai, soutiens mon innocence,
Retire-moi ton funeste présent.
O toi, mon père! ô Dieu plein de clémence!
Daigne exaucer les vœux de ton enfant.

Délivre-nous de tout mauvais génie,
Délivre-nous des prêtres imposteurs;
Pour extirper l'impure tyrannie,
Arme ton bras de ses foudres vengeurs....
Non... qu'ai-je dit... ciel, si grand en puissance,
Change plutôt le prêtre et le tyran.
O toi, mon père! ô Dieu plein de clémence!
Daigne exaucer les vœux de ton enfant.

ÉLOGE DE NOTRE SIÈCLE.

Air : *La fariradondaine, gai!*

Foin du mécontent
Qui fait du scandale,
Le siècle est vraiment
Fort sur la morale.
Bon !
La fariradondaine
Gai !
La fariradondé.

Par le peuple élus,
Tous nos mandataires
Ne s'occupent plus
Que de nos affaires.
Bon, etc.

Plus de courtisans;
Aussi pas un vice,
Même aux pauvres gens
Se rend la justice.
Bon, etc.

Oui, tout marche bien,
Les rois sont faciles;
Il ne leur faut rien
Pour listes civiles.
Bon, etc.

Quelque temps encor
Gens pressés, l'histoire
D'un autre âge d'or
Redira la gloire.
Bon !
La fariradondaine
Gai !
La fariradondé.

LAFAYETTE (*).

1831.

> Tel qui jadis léchait ses bottes,
> Lui mord aujourd'hui les talons.
> BÉRANGER.

AIR : *Te souviens-tu?*

Le peuple aimait voir son vieux Lafayette,
Chef paternel des citoyens soldats :
Il nous avait sauvé, dans la tempête,
Sa voix au port avait guidé nos pas.
On l'aimait trop; tant d'amour porte ombrage :
Des cœurs ingrats ébranlent son pavois;
Désavouant un aussi lâche outrage,
Toujours la France écoutera sa voix.

(*) Cette chanson fut chantée par M. V...., au banquet donné sur l'Ile-Barbe, le jour de la naissance du général, par la compagnie de voltigeurs de M. Lav... Lor..., dont Lafayette est premier voltigeur.

S'ils avaient cru sa vieille expérience,
Que de bonheur eût lui sur l'univers;
Il leur disait : accueillons pour la France
les champs ravis en nos jours de revers;
N'entravons point les proscrits d'Ibérie,
Au double aiglon, que notre coq gaulois
Ne laisse point dévorer l'Italie :
Toujours la France écoutera sa voix.

Comme un soleil dont la chaleur féconde
Ranime encor à ses derniers rayons,
En cheveux blancs, il réchauffe, au vieux monde,
La liberté glacée en ses sillons ;
Des opprimés avec quelle constance,
Quelle grandeur il réclame les droits;
Pour la Pologne il implore assistance :
Toujours la France écoutera sa voix.

Sacrifiant or, titre héréditaire,
Jeunesse, amour, et vie et liberté,
Par lui jamais la cause populaire
A-t-elle vu son autel déserté.

D'un monde entier ayant brisé les chaînes,
A son pays s'il conseilla des rois,
il conseilla des lois républicaines :
Toujours la France écoutera sa voix.

S'il n'est plus chef de la garde civique,
Est-il moins lui.... descendu des hauts rangs?
Comme à l'aspect d'une lueur magique,
A son nom seul pâlissent les tyrans.
Oui, quel que soit le titre qu'il honore,
La liberté, qu'il nous donna deux fois,
Pour son drapeau nous le présente encore....
Toujours la France écoutera sa voix.

Quand, sous l'effort de la cabale impie,
Songeant au peuple, à regret il céda,
Pour le venger de tant de perfidie,
Nous n'avions rien qu'un titre de soldat.
Il fut content d'un si modeste grade,
L'égalité pour lui n'est pas un poids.
Trinquons, trinquons à notre camarade :
Toujours la France écoutera sa voix.

www.ingramcontent.com/pod-product-compliance
Ingram Content Group UK Ltd.
Pitfield, Milton Keynes, MK11 3LW, UK
UKHW032016260826
14628UKWH00006B/2502

9 782019 699840